AF266458

L 8 41/1886

LES DEUX OPINIONS

Sur l'effet rétroactif de la loi du 17 nivôse de l'an 2, sur les Successions.

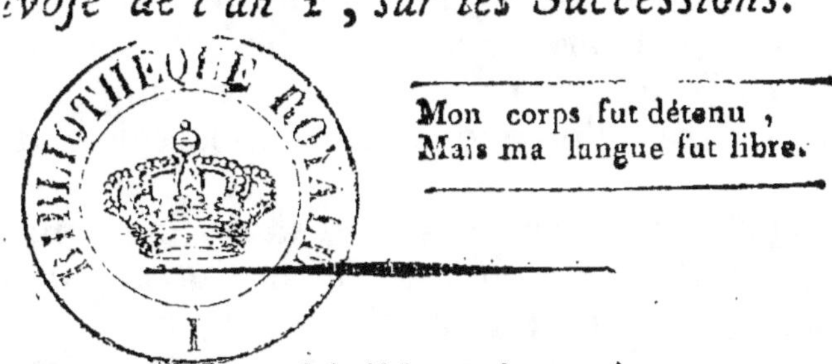

Mon corps fut détenu,
Mais ma langue fut libre.

LES erreurs multipliées, les raisonnemens captieux qui ont été présentés pour faire rapporter l'effet rétroactif de la loi du 17 nivôse de l'an 2, sur les Successions, font un devoir bien doux aux défenseurs de la vérité, aux échos du cri du peuple, de rappeller un principe éternel qu'on a voulu essayer de voiler un moment, et qui sera toujours gravé dans le cœur du sage.

LE MEILLEUR GOUVERNEMENT EST CELUI QUI FAIT LE BONHEUR DU PLUS GRAND NOMBRE.

Par subversion de ce principe, pour rendre défavorable l'effet rétroactif de la loi du 17 nivôse sur les successions qui assure le bonheur d'un si grand nombre de répu-

A

blicains et de presque tous les défenseurs de la patrie, on a rappellé les expressions dont se servit, le premier prairial, un des protecteurs de la horde assassine.

« Cesse, dit-il, de t'occuper de la loi du » 17 nivôse ; le peuple ne veut pas qu'elle » soit changée. »

Cette assertion, aussi gratuite qu'inutile, paraît contraire aux démarches des sections de Paris qui, sans intérêt et par impulsion secondaire, demandoient le rapport de cette loi.

On n'attaquera pas cette assertion ; mais on pourroit établir qu'elle ne fut pas faite dans l'enceinte de l'assemblée de la convention nationale, quand les coups de fusils y furent tirés, sans que Boissi qui la présidoit en fût ému, et sans qu'il en ait fait son texte dans son sublime rapport sur la constitution.

» L'effet rétroactif de la loi sur les suc- « cessions a donné lieu à des demandes en « rapport d'un côté, et en maintien de « l'autre ».

Cette lutte d'intérêts opposés doit être terminée par l'empire de la raison et du droit naturel.

Les héritiers déchus présentent la question sous un rapport hypothétique ; ils raisonnent comme si nous eussions vécu sous un gouvernement avoué, sous des loix légitimes. Ils ont raisonné comme s'il s'agissait de modifier.

Il s'agit au contraire d'une constitution républicaine, et de ne pas atténuer les moyens de la conserver, en attaquant l'égalité.

La convention nationale, d'après le caractère auguste dont le peuple l'a investie, examinera moins ce qu'ont fait l'assemblée constituante et la législative, que ce qu'elles auroient dû faire.

Si elle n'avait fait que les imiter, **nous** serions encore bien loin de l'heureuse république. Elle a rétabli l'égalité; elle couronnera son ouvrage.

La question à décider sur la loi des successions a été ainsi posée :

« Une loi nouvelle peut-elle étendre son « action et ses effets sur le passé ?

« Tous les principes, a-t-on dit, se réu-« nissent contre l'effet rétroactif des lois, etc.

» La loi, disent les héritiers déchus, n'est « dans son acception la plus exacte, que « la garantie des droits de tous «.

Oui, la garantie des droits de tous, l'expression bien prononcée du vœu de tous; « et son résultat doit être le bonheur de « tous ».

Ce que ces héritiers déchus invoquent, n'ayant aucune de ces qualités, on ne peut pas dire que ce soit une loi, et ils osent qualifier du nom sacré de loi, ce qui n'étoit que tyrannie et destruction de l'ordre social.

« On avoue le principe de la nécessité

» de l'égalité des successions, et l'on s'évertue
» pour justifier les coups mortels qu'ont ap-
« porté les violations qu'on a faites aux droits
» de la nature, à la probité, à la justice.

On avoue le principe, et la mauvaise foi fait nier la conséquence.

« On reconnait l'injustice monstrueuse de
» l'inégalité des successions, et par un jeu
» de mots, l'on veut faire justifier des
» forfaits par la loi.

« On convient que l'inégalité des succes-
« sions est destructive des droits de la nature, »
et on s'obstine, avec passion, à ce que les outrages qui lui ont été faits, ne soient point réparés.

N'est-ce pas manquer à soi-même, n'est-ce pas récompenser le crime de séduction, éterniser le désordre aux dépens de l'innocence violée, de l'innocence asservie?

La loi d'égalité, dit-on, n'existait pas par conséquent les légitimaires n'avoient pas de droits.

C'est parce qu'elle n'existait pas, que le peuple souverain a réuni ses représentans, et pour faire rendre à tous ce que la tyrannie leur avoit arraché, et que la mauvaise foi ou l'erreur contestent, puisque les droits de la nature sont éternels et impres-criptibles pour qui les invoque.

L'Assemblée constituante déclara le 17 juin 1789, qu'elle maintenait seulement, au nom du peuple français, les impositions

5

lles qu'elles se percevoient quoiqu'illégales
t sans formes, comme n'étant pas avouées
ar la nation.

Dira-t-on que les autres prétendues lois
rent mieux établies?

Si dès le moment, lors actuel, la nation
rainent représentée rentrait dans toute
étendue du droit naturel, les usages pré-
xistans pouvaient-ils être conservés ou con-
ertis en lois, sans une expression bien
rononcée.

On a présenté sous des microscopes multi-
lians, des raisons spécieuses pour le rapport
e l'effet rétroactif, mais on n'a rien dit des
orreurs disproportionnelles dans le partage
es successions.

Dans les familles composées de quatre
nfans, l'héritier légitimaire n'a qu'un dou-
ième, et l'héritier général les neufs dou-
ièmes.

En remarquant ces injustices affreuses,
u verra que le prétendu effet rétroactif
st une nécessité de rigueur, qui en hono-
ant la convention nationale, peut seule
aver la seconde tache dont s'était souillée
'assemblée constituante, en ne pas ordonnant
xpressément cette égalité, au moins à
ompter du jour de sa réunion.

La convention nationale a effacé un premier crime en détruisant la monarchie,
lle fera oublier le second en maintenant
a loi du 17 nivôse.

A 3

« Les auteurs les plus versés en législa-
» tion, veulent qu'on use rarement de l'effet
» rétroactif etc... »

Il paraît que l'objection est prise dans une grande provision d'ancienne jurisprudence, totalement renversée.

Mais qu'aura-t-on à opposer quand on demandera qui, jusqu'à nos jours, a donné des lois à la France, si ce n'est des tyrans, à qui il falloit obéir ou mourir.

Les lois romaines, adoptées par la féodalité, n'avoient-elles pas été proposées par des esclaves, et promulguées par des despotes.

Peut-on, sous aucun rapport, venir mettre témérairement en parallèle des loix républicaines avec des usages destructeurs de l'heureuse égalité, de la félicité publique?

Nous sommes, par malheur, bien loin de pouvoir nous flatter d'avoir de vrais modèles en législation républicaine; de cruelles expériences, notre bonne foi trompée, nous ont tracé nos devoirs. Le plan des Français doit être pris dans la nature d'accord avec la raison.

« On convient que l'une et l'autre veu-
» lent l'égalité des successions pour l'ave-
» nir. »

Pourquoi donc ne pas faire jouir les héros de la liberté et de l'égalité, du fruit de leurs victoires?

La reconnoissance permet-elle que, pour tant de sang versé pour la cause commune, tant de héros, qu'attend la plus glorieuse retraite, n'y trouvent que des besoins ?

La reconnoissance française, toujours irréprochable, souffrira - t - elle que tant de lauriers toujours renaissans, tant de couronnes triomphales et civiques, fussent flétris par des larmes de fiel et peut-être de sang ?

Non. Le peuple français connoit son devoir et ses droits.

La république française est impérissable; la liberté et l'égalité sont conquises ; le prix en est dû dès l'instant de la victoire.

« On a ajouté que le doute sur l'unani-
* mité à l'égard du rapport de l'effet rétro-
* actif serait une injure.
Le fait répond à l'allégation.

Si le vœu avait été unanime, la convention, tant de fois violentée pour rapporter cet effet rétroactif, aurait-elle au contraire constamment passé à l'ordre du jour ?

Lors de la lecture du rapport du projet de la loi nouvelle, les quatre cinquièmes de l'assemblée auraient-ils été muets et comme immobiles ? Le peuple impartial aurait-il gardé le silence ?

Le vœu n'est donc pas unanime.

Blesse-t-on la justice, la raison, la politique, lorsque fondant un nouveau gouvernement, on rend à l'individu dépouillé sans pitié comme sans titre, les droits de la nature qu'il n'aurait jamais dû perdre ?

Les héritiers déchus, ou leurs échos qui ne voyent qu'eux, » en avouant la néces- « sité du partage égal des successions à ve- « nir, disent que cette égalité si chère aux « républicains, ne devait pas remonter avant « l'époque de la loi qui les fixe «.

On a déjà répondu que les héritiers déchus s'étaient étayés d'un faux principe ; qu'ils avaient raisonné comme si nous avions eu des loix qui eussent été l'expression du vœu du peuple libre, qui seul a le droit de les consentir ou de les accepter, quand ses délégués les lui présentent.

Donc tout ce qui n'est pas l'ouvrage du peuple, n'est pas une loi ; mais seulement l'effet de la force ou du despotisme, qu'il faut extirper et tarir jusques dans sa source.

La loi du 17 nivôse que (pour la faire révoquer) l'on dit avoir été dictée et non avouée, n'étant dans le fait qu'un acte répa- ratoire des outrages trop long-tems faits à la justice, à la nature, à la raison, n'est- ce pas les outrager encore plus ouverte- ment, quand sous le flambeau radieux de la philosophie, de l'éternelle vérité, on ose, sous un vain jeu de mots, obséder la con- vention nationale par des pétitions insi- dieuses, et l'inviter à voiler (en compro- mettant sa sagesse) des forfaits commis par des pères envers leurs enfans.

» Les héritiers déchus improuvent la fi-

9

« xation de l'effet rétroactif à l'époque
« du 14 juillet. Pourquoi, disent-ils, ne
« pas la faire remonter plus haut ? «

Oui, il auroit fallu la faire remonter à
l'époque où les représentans de la nation
ont été réunis pour faire cesser les abus ;
et il est avoué que l'inégalité des successions était un des principaux. Mais le peuple,
glorieux de son triomphe, de la conquête
de sa liberté, a voulu la rendre plus mé-
morable, en y reportant l'époque de l'en-
tière égalité; et c'est sous cet aspect une
grace qu'on fait aux anciens héritiers.

Les héritiers déchus conviennent « que
« le droit naturel doit être le régulateur
« et le principe de la légilation ».

Et bientôt après on entend « qu'il n'est
« cependant pas la loi même «.

Non, sans doute, l'effet et la cause ne
furent jamais la même chose.

Mais si le droit naturel, comme on l'a-
voue, doit être le régulateur de la législa-
lation, pourquoi ne pas faire remonter le
plus haut possible ses bienfaits, et se montrer digne d'une révolution tant et tant de
fois attaquée, se montrer digne enfin d'une
république démocratique.

Il est vraiment pénible de voir que les
armes des héritiers déchus, sont toutes fa-
briquées dans les raisonnemens de l'ancien
régime. Mais hélas ! que ne peut l'empire de
l'habitude?

On dit que l'ordre des successions est l'ouvrage des hommes. En ligne collatérale, peut-être; en ligne directe, non; mais les hommes les ont intervertics; l'abus qu'ils en ont fait au gré de leurs passions a dû amener les révolutions.

Les législateurs sont là pour rappeller l'ordre naturel, et lui soumettre la loi.

L'agneau, dans un bercail, ne reconnaît que sa mère, et celle-ci ne reconnaî que son fruit. Pourquoi les effets de la loi comme ceux de la nature, ne seraient-ils pas réciproques?

L'animal sauvage fait-il quelque distinction entre ses petits? Et l'homme civilisé serait-il plus immoral que lui! Voilà le sentiment qu'on veut détruire par le prétendu crime qu'on attache à l'effet retroactif.

On a dit que « la république était fon-« dée sur deux bases grandes et salutaires, « la dissémination des richesses ».

Et cependant, par une antithèse bien frappante, on veut s'opposer à l'effet rétroactif, qui par sa nature doit hâter l'affermissement de la République; puisqu'il est vrai que les fortunes sont déjà disséminées, et qu'en rapportant l'effet de la loi des successions, cette dissémination tant desirée n'aura son exécution que dans des générations encore bien éloignées.

Pour colorer l'erreur qu'on présente, on a dit « que la succession était fondée sur

« l'ordre social, et qu'elle est réglée moins par
« le droit naturel que par les lois civiles. »

Qu'on y fasse bien attention, ce raisonnement
eût été une merveille sous une monarchie,
mais dans une république, c'est une erreur
pômée.

Il faut remarquer qu'on a dit : « que le
» droit naturel doit être le régulateur de
» la législation ; et on a ajouté, dans un
» sens contraire, que la succession est moins
» réglée par le droit naturel que par les
» lois civiles ; oui, jadis.

Il ne faut pas de réflexions pour juger
cette intilhèse, ces purs sophismes.

» Invoquer le droit naturel, dit-on, c'est
» articuler un grand mot propre à faire im-
» pression sur les esprits inattentifs, mais que
» les hommes instruits trouveront déplacés.

On répond avec raison que ce sont les
hommes instruits qui l'invoquent ; que ce
sont ceux qui se sont le plus appliqués au
droit des gens, aux principes républicains,
qui ont vu avec étonnement, qu'on ait de-
mandé le rapport de l'effet rétroactif,
sur la loi des successions, et que cette
démarche ait été dictée par le pur intérêt
seulement, que l'obsession l'ait suivie, et
que la complaisance l'ait secondée.

» On vous a dit, que c'était un sophisme
» de prétendre que le peuple s'étant ressaisi
» de ses droits, au 14 juillet 1789, l'effet
» des loix devait compter à dater de cette
» époque.

On a ajouté encore quelques erreurs de même nature qui ont été réfutées ; on répondra une seconde fois, que tout ce qui est favorable en institution républicaine à l'infinie majorité d'entre plusieurs contendants, sur-tout quand la minorité se trouve sous le même niveau, devrait remonter le plus loin possible.

» On a répété que le très-grand nombre
» des réclamations qui venoient de toutes
» parts, exprimoient les mêmes plaintes,
» sur l'injustice de la loi, et qu'il s'en faut
« bien que les partages ne soient faits.

Il est prouvé au contraire, que presque tous sont exécutés ; qu'il n'y a eu que les chicaniers qui ont traîné en longueur, et que les héritiers rappellés ne voulaient pas encourir la déchéance prononcée par la loi de ventose en cas de non réclamation de leur part ; et s'il en est encore d'autres qui n'aient pas reçu leur exécution, ce sont ceux dans lesquels les victimes du fatal terrorisme étoient intérressées, qui ont été incarscrées sans pouvoir trouver des défenseurs.

« Pour se rendre plus persuasif par des
» grands mots, on a dit sans ménage-
« ment, comme sans réflexion, que les hom-
» mes qui n'étaient pas parvenus au dernier
» degré de dépravation, à qui l'effet rétroactif
» de la loi du 17 nivôse avoit été utile,
» subiroient sans se plaindre, même avec
« un juste empressement, l'application de
« la loi qui les dépouillera d'un bien sur le-

» quel ils n'avoient pas dû compter.

La contrariété d'opinions est libre ; elle est même souvent dans la nature : mais, la la réserve dans l'expression est de l'ordre social.

Si les exemples devaient balancer les hypothèses, je dirai que le maire actuel de Toulouse, appliqué à l'étude des lois depuis 42 ans, ayant recueilli la succession de son père depuis plus de vingt ans, offrit à ses cadets, après la loi du 17 nivôse, de partager avec eux son bien patrimonial.

On a dit que « par une affectation sus- » pecte, on mettoit en avant les intérêts » des défenseurs de la patrie, comme si » les soldats de la patrie, en défendant si » glorieusement la cause de la liberté, ne » défendaient pas aussi celle de la justi- » ce, etc..... »

Oui sans doute, ils la défendront ; mais ils ont cru défendre aussi celle de l'égalité, sur laquelle ils ont dû compter, d'après les décrets de l'assemblée ; et cette égalité leur serait ravie par le rapport de l'effet rétroactif de la loi du 17 nivôse.

Oui sans doute, ils combattront pour l'égalité et la liberté. le laurier seul ne suffit pas à la victoire, l'héroïsme est le caractère des Français ; mais l'honneur sans ressource périt ou s'oublie.

Le soldat français n'aura que cette alternative également fatale, si l'égalité proclamée et acceptée n'est pas maintenue.

La philosophie raisonne, la politique projette ; mais la nature commande et le besoin l'emporte.

Et quoiqu'on dise que cette considération est suspecte, elle est au contraire très-puissante et même décisive pour maintenir la loi des successions, conformément au décret du 17 nivôse ; parce qu'elle est la suite d'un principe de justice naturelle, sur laquelle on a dû compter dès le premier moment de la révolution.

Que présenteroit la France, sans l'héroïque courage des soldats ? des atteliers d'esclaves. Et parce qu'ils en ont fait de vastes champs d'honneur, un théâtre de triomphe et de gloire, on veut, par un vain jeu de mots, leur arracher le droit de la nature, pour enrichir quelques aînés avides. Non, ce sentiment répugne ! l'égalité triomphe-ra.

On a dit, pour répandre un nouveau noir sur la loi du 17 nivôse : « qu'elle avait été » dictée, et non consentie. »

Mais on n'a pas rappellé que la convention avait plus de dix fois passé à l'ordre du jour, quand on demandait le rapport de l'effet rétroactif ; on n'a pas dit que le premier floréal, il fut décrété que les successions indivises avec les émigrés, échues depuis le 14 juillet 1789, seraient partagées suivant la loi du 17 nivôse. Donc l'assemblée avait confirmé cette loi ; et l'on doit

15

soutenir que le rapport de l'effet rétroactif serait une injustice réfléchie.

L'erreur et les faux sophismes des héritiers déchus étant démontrés, on peut encore leur dire :

« Votre aveu vous condamne. »

Vous ne voulez pas d'effet rétroactif, et vous le sollicitez.

On lit, à la fin du XVIIIe article du projet de loi lu le 2 messidor, ces mots :

« Mais toutes aliénations, hypothèques et
» dispositions desdits biens, à titre onéreux
» ou gratuit, faites depuis le 6 floréal, sont
» nulles. »

Ces dispositions ayant été dictées par la crainte d'une infraction à la loi, ou de la collusion, parce qu'on a dû présumer le rapport de l'effet rétroactif de la loi des successions, ne doit-on pas en conclure que la loi du 4 août 1789, d'après laquelle on s'attendait à l'égalité des successions, avait déterminé les instituans et les héritiers déchus a colluder pour éterniser la misère des légitimaires.

Rien donc ne peut justifier des actes frauduleux. La convention, malgré les perpétuelles vociférations qui l'obsèdent, ne verra que la justice, les droits de la nature, premier fondement de tous les états républicains, et confirmera en tout son contenu la loi du 17 nivôse de l'an 2. La raison le veut, le peuple l'espère, la reconnoissance l'exige; que faut-il de plus? la convention est juste. *Faire le bien du plus grand nombre, voila sa loi, le triomphe de sa gloire et de la république.*